Für Mariapaola in „Schokoladenliebe“
Davide

Für Paolo
Evelyn

ISBN 3-219-11174-2

Aus dem Italienischen von Simone Atteneder
Originaltitel „Mi piace il cioccolato“
First published in Italy by ZOOlibri Reggio Emilia 2001.

Gesetzt nach der neuen Rechtschreibung

im Verlag Carl Ueberreuter, Wien – München
Printed in Italy
7 6 5 4 3 2

Annette Betz im Internet: www.annettebetz.com

Davide Calì
Text

Evelyn Daviddi
Illustrationen

Ich liebe Schokolade!

ANNETTE BETZ

Ich liebe Schokolade!

Ich liebe
Schokolade weil
sie so schön

knackt,

wenn man hineinbeißt.

Ich liebe Schokopralinen,
weil sie ganz

unterschiedliche

Formen haben.

Ich liebe Schokopralinen,
weil man sie

alle

probieren muss
um zu wissen,
was drinnen ist.

Es gibt sie
mit Nougat,
mit Kaffee,
mit Amaretto,
mit Orange,
und dann noch
mit Kirsche,
mit Haselnuss
und mit Sahne!

Ich liebe auch die **Farben** von Schokolade.

Dunkelbraun:
bittere Schokolade

Hellbraun:
Milchschokolade

Schwarz:
extrem bittere Schokolade

Wenn sie diese Farbe hat, dann ist es **keine Schokolade.**

Weiße Schokolade
liebe ich, weil sie so wunderbar weich ist und nach Milch riecht …

und weil sie keine Spuren hinterlässt.
Das ist ein großer Vorteil!

Schokolade ist
immer gut:
**zu jeder Jahreszeit,
in jedem Moment!**
Aber vor allem ...

wenn du eine schlechte
Note in der Schule
bekommen hast ...

wenn der
Fernseher
kaputt
ist ...

wenn sich deine Eltern streiten …

wenn dich dein Traummädchen nicht einmal anschaut …

wenn dich
Papa am Sonntag
zu einem
Fußballmatch
mitnimmt ...

wenn beim Autodrom
dein Lieblingswagen
besetzt ist ...

wenn die gegnerische Mannschaft 7 zu 0 gewonnen hat ...

wenn es plötzlich dunkel ist ...

wenn du deine neue Hose bekleckerst und du **weißt**, dass Mama sicher wütend werden wird.

Es ist schön,

Schokolade zu besonderen
Gelegenheiten zu
verschenken ...

Am Montag

um einen **schönen** Schulstart zu haben.

Am Dienstag

um Freundschaft zu schließen.

Am Mittwoch
um zu fragen ...

Am Donnerstag
um sich wieder zu vertragen.

Am Freitag

um ein Wehwehchen
wieder gutzumachen.

Am Samstag
um sich bei Mama
zu entschuldigen.

Am Sonntag
um Papa zu trösten,
wenn er keinen
Parkplatz findet.

Man kann Schokolade auf unterschiedliche Weise essen.

Zum Beispiel:

Der gesittete Stil

Der Reinstopf-
Stil
WAM

Der Klecker-Stil
Der Genuss-Stil
(Dabei lässt man die Schokolade ganz langsam auf der Zunge zergehen.)
Der Wiederholungs-Stil

Der Schleuder-Stil
Der Wilde-Hund-Stil
Grrrr
Grrrr
Grrrr

Aber warum ist
Schokolade
überhaupt so gut?

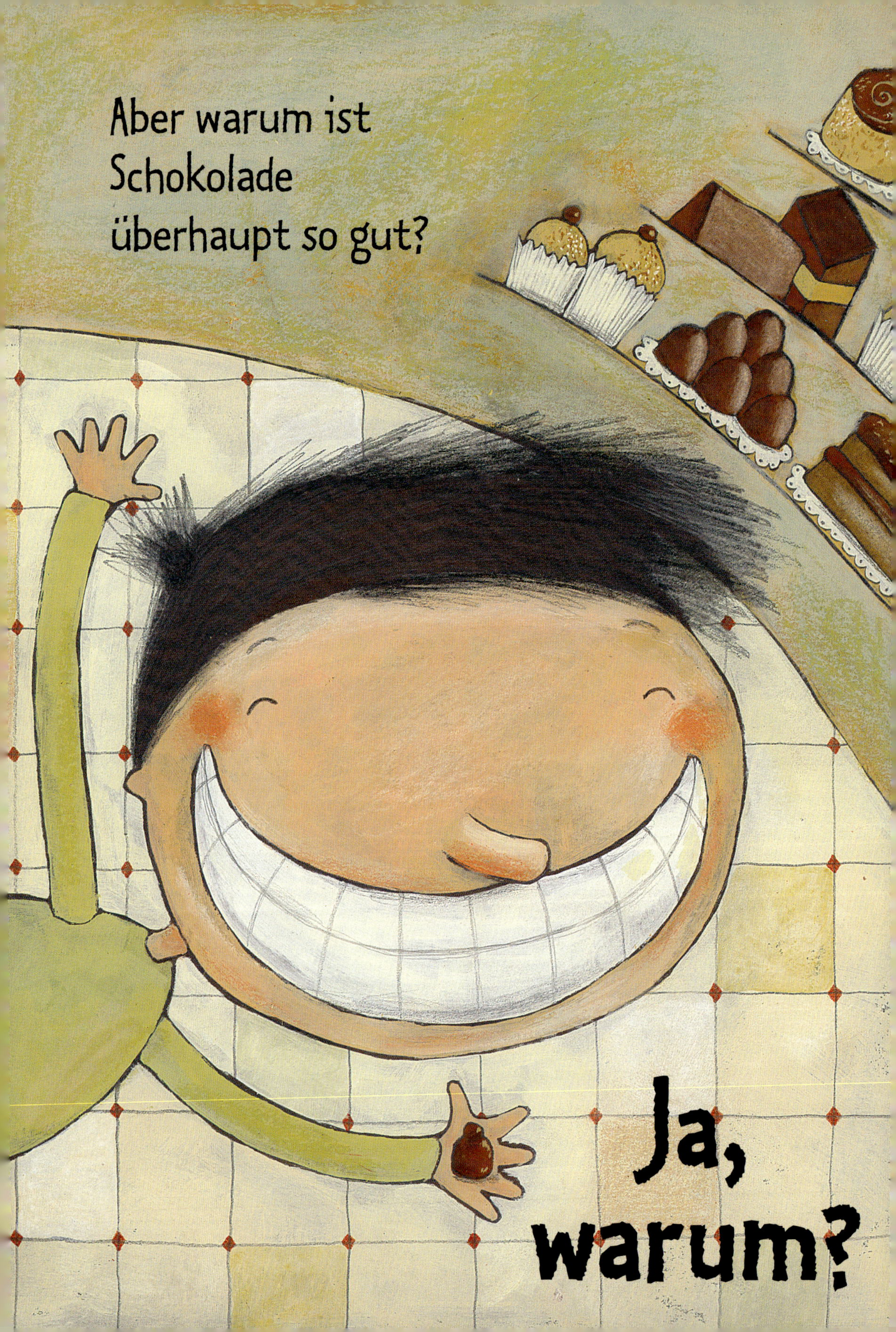

**Ja,
warum?**

Also:
Schokolade macht
glücklich, weil sie …

im Mund
zerschmilzt …

in den Hals rutscht …

und dann direkt zum
Herzen gelangt!

Und daher ist es immer besser, ...
... auch noch ein Stück für morgen übrig zu lassen.

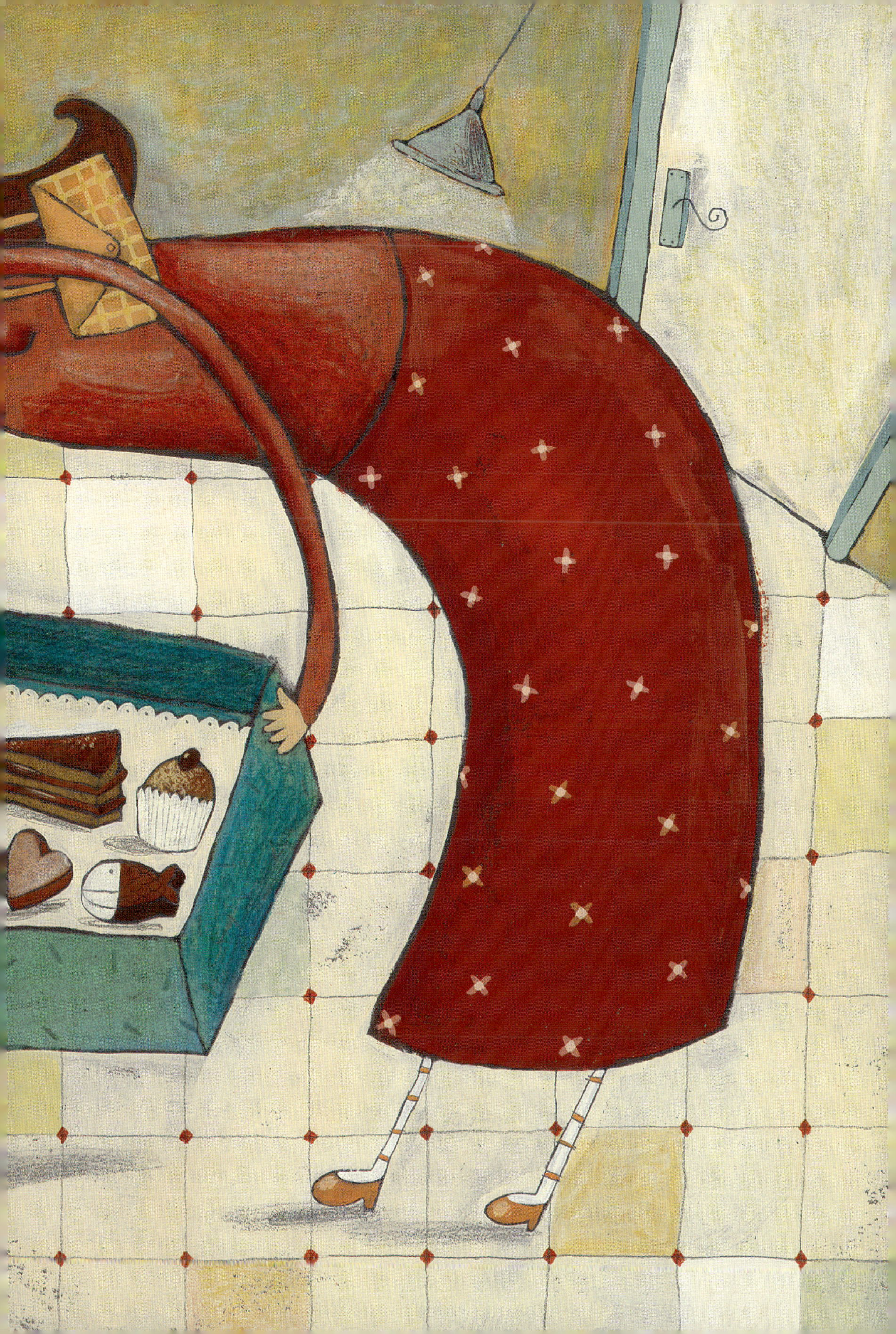